AF586768

LES QUATRE HENRI,

OU LE JUGEMENT

DU MEUNIER DE LIEURSAIN,

PARODIE SANS PARODIE,

EN UN ACTE MÊLÉ DE VAUDEVILLES;

PAR M. BERNARD,

Représentée, pour la première fois, sur le Théâtre du Vaudeville, le 2 août 1806.

PRIX : 24 SOLS.

A PARIS,
Chez Madame MASSON, Libraire et Editeur de Musique, rue de l'Echelle Saint-Honoré, N°. 10.

1806.

PERSONNAGES.	ACTEURS.
AGATHE, aubergiste de Fontainebleau.	Mad. BODIN.
CATAU, sa fille.	Mad. HERVEY.
MICHAUD, meûnier de Lieursain, son frère.	M. DUCHAUME.
LUCAS, son fils.	M. BLASSEVILLE.
DORSEUILE, directeur de spectacle.	M. ARMAND.
SOMBREUIL,	M. LA PORTE.
BEAUCHAMP,	M. AUGUSTE.
BATAILLARD,	M. HIPPOLYTE.
Un petit garçon.	

La Scène se passe à Fontainebleau, dans l'auberge d'Agathe.

LES QUATRE HENRI,
PARODIE SANS PARODIE.

SCÈNE PREMIÈRE.
AGATHE, CATAU.

AGATHE.

Eh! not' fille Catau, comme te v'là brave drès le matin?

CATAU.

Oh! ça c'est vrai que j'ons mis ce que j'avions de plus beau.

AGATHE.

Coquette!

CATAU.

Coquette! oh bien oui : g'nia pas de fille dans Fontainebleau qui aime moins à faire la brave que moi; est-ce que je pense jamais à ça.

Air : *Ton humeur est Catherine.*

J'm'habillons comme Colette,
J'nous coëffons comme Suson,
J'ons d'zaneanx comme Fanchette,
Un fichu comme Alison.

Rose a des dentelles fines,
Fallait ben s'en procurer;
Est-c' ma faut' si mes voisines
Aimont tant à se parer?

Et puis je tiens de vous peut-être bien : vous m'avez dit que vous vous pariez d'vant que d'être notre mère; depuis que vous l'êtes vous vous parez encore, faut bien que je me requinque itou.... sans compter qu'il va venir.

AGATHE.

Qui donc?

CATAU.

Et pardine Lucas, le fils de son père Michaud, votre frère, le meûnier de Lieursain, qui d'vont venir nous chercher aujourd'hui pour nous y conduire. C'est demain la St.-Henri; c'est demain le jour que nos parens choisissent pour marier leurs filles; c'est demain que Lucas doit m'épouser; c'est demain.... vous savez ben le reste, ma mère. .. Mais où est-il donc ce monsieur qu'il n'arrive pas?

AGATHE.

Allons, petite fille, restez-là, vous savez bien que je ne veux pas que vous pensiez encore à ce mariage là!

CATAU.

Et à quoi donc voulez-vous que je pense, ma mère?

AGATHE.

A quoi? à quoi? à voir si tout est bien rangé dans cette auberge.

CATAU.

Beau plaisir, vraiment! de manière que si tous les gens qui vont à Lieursain viennent à tomber ici....

AGATHE.

Qu'est-ce à dire, tous les gens?

AIR :

Vous l'savez, mademoiselle,
J'n'aimons qu'les honnêtes gens;
Aussi ma coutume est elle
D'observer bien les chalans :
Pour que personne ne grende,
Que rien n'aille de travers,
Je n'reçois pas tout le monde
A l'hôtel de l'Univers.

CATAU.

Eh bien, ma mère, fermons la porte.

AGATHE.

En vérité je crois que tu deviens folle.... et si des voyageurs se présentent?

CATAU.

Ils repasseront.

AGATHE.

Ils repasseront? et qui est-ce qui paiera le loyer de cette maison?

CATAU.

C'est vrai, ma mère.... mais il m'aime tant, ce pauvre Lucas!

AGATHE.

Qui est-ce qui vous fournira ces biaux rubans dont v'êtes si fiare?

CATAU.

C'est vrai, ma mère.... mais je suis sûre qu'il en mourra de chagrin.

AGATHE.

Et qui est-ce qui me baillera la dot que j'ons promise à ce garçon?

CATAU.

C'est vrai, ma mère.... mais qu'avons-nous besoin de dot, puisque le voilà mort?... Ah! mon Dieu, mon Dieu, queu guignon! ces pauvres filles, on ne les marie qu'une fois dans l'année, c'est précisément demain le jour de la carémonie, et Catau n'en sera pas.

AIR : *des pendus.*

Au gré de son désir, demain,
A son amant, donnant la main,
Chaq' fille lui dira j't'aime,
Ah! pour moi, quelle peine extrême,
D'avoir le désir et l'amant,
Et de n'en pouvoir dire autant.
Le soir, au gré de son désir,
Avec l'amant qu'all' sut choisir,
Chacune va se mettre en danse.
Hélas! pour moi, quelle souffrance!
D'avoir le désir et l'amant,
Et de n'en pouvoir faire autant.

AGATHE.

Allons, allons, console toi, mon enfant, t'es jeune encore, et un an est bientôt passé.

CATAU.

Ce n'est pas quand on attend.

AGATHE.

J'avons, dans ce moment, des raisons, des obstacles....

CATAU.

Mais quand les voyageurs seront partis... *(on frappe)*.

AGATHE.

Tiens v'là justement quelqu'un qui frappe.

CATAU.

Il n'y a personne.

AGATHE.

Mais ouvre donc.

CATAU.

Ah! c'est peut-être Lucas. *(elle ouvre)* Tiens queu Lucas.

SCÈNE II.

DORSEUILE, CATAU, AGATHE.

DORSEUILE.

Je vous salue, madame, êtes-vous la maîtresse de cette auberge?

AGATHE.

Oui monsieur, depuis défunt notre homme. Qu'y a-t-il pour votre service?

DORSEUILE.

Je desire une chambre.

CATAU.

Monsieur s'en ira-t-il bientôt?

DORSEUILE.

Cela dépendra, mon enfant. J'attends quelqu'un qui doit arriver de Paris.

CATAU.

Allons encore un.... mais monsieur, c'est à l'auberge d'à côté que descend la diligence, et vous seriez bien plus sûr....

AGATHE.

Mais tais-toi donc.... monsieur, beaucoup de voyageurs me baillont la préférence, et je postulons même en ce moment la descente exclusive.... soyez persuadé que vous serez parfaitement chez moi.

AIR : *Aimé de la belle Ninon.*

On est tranquille en ma maison ;
Comme il doit chacun s'y comporte.

CATAU.

Le ferblantier, le forgeron,
Font ben quelque bruit à la porte.

AGATHE.

On ne les entend pas beaucoup.

CATAU.

Comme ma mère, je suis franche,
Vous n'les entendrez pas du tout,
Si vous restez ici Dimanche.

AGATHE.

D'ailleurs mes chambres sont en bon air.

CATAU.

Oh çà c'est vrai : le couvreur doit venir après demain sans faute.

AGATHE.

Peste de langue.... oui monsieur, j'sommes comme cà : j'aimons tant que le monde soit bien chez nous, que je faisons toujours faire les réparations d'avance.... quant à la nourriture vous n'aurez rien à desirer.

CATAU.

Oh ! mon Dieu non, car nous n'avons rien.

AGATHE.

Mon Dieu, monsieur, n'écoutez pas cette petite fille, elle ne sait ce quelle dit.

CATAU.

Oh que si je le sais, et je vois bien à présent que nous ne pourrons pas aller à cette fête.

DORSEUILE.

Ah ! je comprends.

CATAU.

Eh bien, monsieur, est-ce que vous ne partez pas après tout ce que je vous ai dit ?

DORSEUILE.

Non, ma belle enfant.

AIR :

Je crains peu votre menace ;
Pourquoi, sans vous en douter,
Chasser avec tant de grace,
Des gens qui veulent rester ?

Vos discours nous font comprendre
Qu'il faut perdre cet espoir.
Belle enfant, pour vous entendre,
Il faudroit ne pas vous voir.

AGATHE.

C'est ça, monsieur reste.... vîte, allez faire préparer le No. 2.

CATAU.

Oui, ma mère. *(elle sort)*.

AGATHE.

Quant à vous, monsieur, vous devez avoir appétit, je vais vous faire apprêter quelques œufs frais, et mettre au four le pâté chaud.

DORSEUILE.

C'est trop de bonté.

SCÈNE III.

DORSEUILE.

Qui sait si je ferai ici un long séjour, et si mon correspondant de Paris aura bien compris ma lettre.... N'en ai-e pas ici la copie ? C'est cela. (*il lit.*) « Mon cher ami, » les journaux ne nous entretiennent, depuis quelque » temps, que des nouveaux Henri que l'on vous a donnés, » et toutes les villes, dont je dirige le spectacle, ne cessent » de me demander un Henri : Vous avez du goût, et de » l'amitié pour moi; faites-moi le plaisir de choisir le » meilleur de ces ouvrages, et un artiste en état de jouer le premier rôle ; vous me l'adresserez à Fontainebleau, où je serai le 15, à l'auberge la plus voisine de la diligence. Je vous laisse le maître des conditions, etc. » 'oilà qui est clair : aussi je suis moins inquiet de mon mi, que de la manière dont mes camarades prendront 'arrivée d'un homme qui viendra leur enlever un rôle. l est pourtant très-naturel que cet homme, qui anra pu rofiter, à Paris, des vrais modèles de notre art, soit plus n état que nous de jouer un rôle inconnu.... Oui, mais orgueil comique. Ah! mon Dieu, un pauvre directeur a eau faire, rien n'est jamais bien fait au gré de ces meseurs et de ces dames.

AIR : *Transi, quoique fidelle.*

ux enfans de Thalie,
alheur à qui s'allie ;
ur guider la folie,
n ! qu'il faut de raison !
ue de têtes frivoles,
De goût hors de saison ;
Que de vanités folles
L'abreuvent de poison !
Aux enfans de Thalie, etc.

combien de boutades
faut s'accoutumer !
e de fausses malades
faut déshenrumer !
e actrice jolie,
and elle est accueillie,
e, il faut que tout plie
Sous son orgueil jaloux.
L'une, à grand bruit, cabale ;
L'autre, d'un air plus doux,
Pour perdre sa rivale,
Fait le malheur de tous.
Aux enfans de Thalie,
Malheur à qui s'allie, etc.

SCÈNE IV.

DORSEUILE, CATAU.

CATAU.

Est-ce vous qui vous nommez monsieur Dorseuile?

DORSEUILE.

Oui, ma belle.

CATAU.

En ce cas-là, monsieur, c'est vous....

DORSEUILE.

Quoi? c'est moi?

CATAU.

Oui, monsieur, c'est vous qu'on demande.

DORSEUILE.

Ah! ah! la diligence est donc arrivée?

CATAU.

Pas encore; mais faut croire qu'alle n'est pas bien loin car le conducteur a toujours le soin d'envoyer quelques voyageurs devant.

DORSEUILE.

Quelle plaisanterie!

CATAU.

C'est connu.

AIR : *Une fille est un oiseau.*

Par zèle et par amitié,
Souvent c monsieur vous invite
Pour aller un peu plus vite
A faire la route à pié;
Alors, trottant à la file,
On arrive dans la ville,
Portant enfans et paquets;
Avec cette prévoyance,
Dieu merci, la diligence
Arrive toujours après.

DORSEUILE.

Eh bien? est-ce que ce monsieur est à la porte?

CATAU.

Pas si bête; il est à la cuisine; il n'a pas voulu dire un mot avant d'avoir bu un coup, et je l'ons laissé au vis-à-vis de Pierre, qui vous l'époustoit d'une jolie manière... Dame, c'est qu'il étoit blanc de la tête aux pieds, le che homme.... mais, tenez, le v'là, pas vrai qu'il est gentil?

SCÈNE V.

DORSEUILE, BATAILLARD.

(*Il a une canne et un paquet de vieilles armes sous son bras.*)

CATAU, *à Bataillard.*

Monsieur, v'là la personne que vous demandiez.

BATAILLARD.

C'est bon, la petite.... Monsieur, je suis votre humble serviteur....

DORSEUILE.

Monsieur, je vous salue.... puis-je savoir?...

BATAILLARD.

J'arrive tout exprès pour vous le dire.... touchez-là, je suis enchanté de faire la connaissance d'un si brave homme.

DORSEUILE.

Monsieur....

BATAILLARD.

Eh parbleu! point de cérémonie; ne sommes-nous pas camarades? vous êtes directeur de spectacle, moi je suis artiste, c'est tout un. Vous gagnez le plus d'argent que vous pouvez, vous en donnez le moins possible, c'est l'usage. Vous voyagez en voiture, moi à pied, c'est plutôt fait. Vous cherchez des sujets, moi des maîtres, ça se ressemble; il vous faut un Henri? me voilà, combien y a-t-il à gagner?

DORSEUILE.

Je pense, monsieur, que mon ami a dû vous dire....

BATAILLARD.

Ce n'est pas que je sois intéressé; oh! mon Dieu, pas du tout; la gloire, monsieur, la gloire, voilà ce que je cherche.

DORSEUILE.

Fort bien, monsieur, fort bien; je sais ce qu'il faut en penser.

AIR : *Servantes, quittez vos paniers.*

Que l'on n'ait l'air de n'aspirer
Qu'au temple de Mémoire,
Que l'homme seul sache inspirer,
On fait bien de le croire;
Moi, d'après l'esprit du moment,
Je vous dirai, plus franchement,
Que c'est pour l'argent seulement,
Que l'on court à la gloire.

Ainsi vous êtes la personne....

BATAILLARD.

Précisément; je suis le fameux Bataillard, premier habitué du café Touchard, rue des Boucheries, depuis une vingtaine d'années sans emploi; mais ma réputation n'en a pas souffert le moindre échec; elle étoit colossale, et je pourrais vivre encore dix ans sur la réputation que je me suis faite.... dînerons-nous bientôt?

DORSEUILE.

Monsieur, je l'espère; je suis si enchanté de vous posséder...

BATAILLARD.

Ah! c'est que je ne me prodigue pas; mais sitôt que

j'ai eu le moindre vent de votre projet, je me suis dit, me v'là engagé, partons; et soudain j'ai pris....

DORSEUILE.

La poste?

BATAILLARD.

Non, ma canne, mon claque, mon espadon, mon poignard....

DORSEUILE.

Votre poignard?

BATAILLARD.

AIR : *De l'enfantine.*

Morbleu! c'est que j'en détache,
Quand j'ai ma fausse moustache,
Et ma lance et ma rondache,
L'on me prendrait pour Bayard;
C'est surtout ma noble aisance,
A l'espadon, au poignard,
Qui m'a valu, dans la France,
Le beau nom de Bataillard.
Ah! dans la derniere pièce,
Que je jouai dans Gonesse,
Connoissez-vous ma prouesse,
C'est le triomphe de l'art.
En champ clos,
Devant trois rivaux,
J'avance à grands pas;
Paf.... l'un est à bas.
Au second, *zig-zag*,
Je fends l'estomac.
Au troisième, *v'lan*,
J'enfonce mon fer sanglant.
Eh bien! la pièce finie,
Mes gens se croyant sans vie,
Restoient là; mais on leur crie;
Butors,
Vous n'êtes pas morts.

DORSEUILE.

Je conçois, monsieur, qu'avec des qualités aussi frappantes, on peut produire un certain effet.

BATAILLEARD.

Ventrebleu! si j'en produis? regardez la longueur de ce cou et de ce bras.... je suis retenu à Pithiviers pour sortir du coffre, dans les Deux Mots, aussitôt qu'on pourra y monter la pièce.

DORSEUILE.

La pièce des Deux Mots, dites-vous?

BATAILLARD.

Oui, monsieur, une nouveauté délicieuse.

AIR : *N'en demandez pas davantage.*

On m'a fait dire que deux mots,
Au plus important personnage;
La pièce eût paru sans défauts,
Si dans cet immortel ouvrage,
Grâce aux deux auteurs,
Les autres acteurs,
N'en avaient pas dit davantage.

DORSEUILE.

Singulier éloge que vous en faites; mais il s'agit entre nous d'un personnage qui exige plus de dignité que de force.

BATAILLARD.

Oh, pour ce qui est de la dignité, les vieux et les nouveaux boulevards vous diront si j'en pince.... pas un père noble qui ne m'ait passé par les mains, depuis le père sensible de Kokoli jusqu'au grand père du Toît paternel. Allez, soyez tranquille.... Votre échoppe est-elle prête?

DORSEUILLE.

Qu'appelez vous échoppe? apprenez que je ne fais point jouer la comédie dans de semblables lieux.

BATAILLARD, *ôtant son chapeau.*

Quoi? monsieur, vous auriez une grange?

DORSEUILE.

J'ai partout des salles établies et dignes de leur objet.

BATAILLARD, *saluant avec respect.*

Ah! monsieur.

DORSEUILE.

AIR : *Que vois-je? quel jour radieux!*

Aux talens on doit des égards :
Et l'artiste trouve d'avance,
Dans les honneurs qu'on rend aux arts,
Son génie et sa récompense.
Abandonnons aux vils trétaux
De Scarron la muse grossière ;
Mais quels temples sont assez beaux,
Pour jouer Racine et Molière !

BATAILLARD.

En ce cas là, monsieur, je vois ce qu'il vous faut : tendresse, sans exaltation ; chaleur, sans effervescence ; dignité sans bassesse. Permettez que j'aille me recueillir; hé! la petite? faites-moi préparer à déjeûner.

DORSEUILE.

Oui, mon enfant, faites donner à monsieur....

BATAILLARD.

Monsieur se charge des frais.... je dinerai tout de suite.

Il sort avec Catau.

SCENE VI.

DORSEUILE.

Quelle espèce d'original mon ami m'a-t-il envoyé?..... Ah! l'extérieur ne prouve rien pour le talent, et j'aurois tort, d'après la mine de cet homme, de chercher ce qu'il peut valoir.

AIR : *Nouveau de W'c't.*

Tel est ridicule en marchant,
Qui par sa danse nous étonne ;
Tel fait oublier par son chant
La nullité de sa personne;
Tel autre, à lui-même imposteur,
Dans les cieux, chaque jour voyage,
Des astres prône la splendeur,
Et témoin constant de l'ouvrage
En méconnait le plus l'auteur.

Au reste, voilà mon affaire faite : songeons à partir le plutôt possible, et à monter notre Henri le mieux qu'il se pourra.

SCÈNE VII.

CATAU, BEAUCHAMP, DORSEUILE.

CATAU.

Par ici, monsieur, par ici. Quoi donc que vous regardez comme ça, j'vous disons qu'il est ici, vot' M. Dorseuile.

BEAUCHAMP.

Je vous entends fort bien, mon enfant.... mais cette salle n'est elle pas un peu fraîche?

CATAU.

Eh ben! du chaud qu'il fait, plaignez-vous en, je vous le conseille.

BEAUCHAMP.

Monsieur, j'ai l'honneur de vous saluer.... Vous m'attendez, sans doute, avec impatience?

DORSEUILE.

Moi, monsieur? A qui donc ai-je l'honneur de parler?

BEAUCHAMP.

Je suis, monsieur.... Pardon : petite, poussez-un peu cette croisée; il y a là un courant d'air qui n'est pas très-salubre; cela pourrait gâter ma voix.

CATAU.

Tiens que de précautions; vous ne parlez donc pas dans l'air, mon bon monsieur?

BEAUCHAMP.

Permettez, mon enfant, vous ne comprenez pas ces choses-là; je ne parle pas de la voix qui parle; mais de celle qui chante.

CATAU, *riant.*

Ah! ah!

BEAUCHAMP.

AIR : *Du Vaudeville de M. Guillaume.*

La voix, ma chere, est cette fleur nouvelle
Qu'un rien altère et qu'un rayon flétrit;
La voix est la glace fidelle
Qu'un souffle leger obscurcit.
De nos beautes la pudeur est peut-être
Son embléme le plus frappant.

CATAU.

En ce cas-là, monsieur, vous devez être
Enrhumé bien souvent.

BEAUCHAMP.

Poussez donc la croisée.... Vous ne voudriez-pas que votre Henri débutât par une pleurésie.

DORSEUILE.

Comment, mon Henri? En voici bien d'un autre.

BEAUCHAMP.

Cette lettre va vous instruire.

DORSEUILE.

En effet, elle est de mon ami. *(il lit.)* « Ainsi que tu le
» desires, mon cher Dorseuile, je t'envoie un ouvrage sur
» Henri IV; la personne qui te le remettra, quoique sans
» emploi depuis quelque temps, est capable de remplir,
» avec succès, le rôle principal ».
Diable deux Henri à la fois.

BEAUCHAMP.

Il en pleut, monsieur, et cela doit-il vous étonner? l'objet en vogue est sitôt imité.

AIR : *De nos jours, la ville et les bourgs.*

Un succès
Chez nos bons Français,
Soudain enflâme le génie;
De l'objet
S'il plaît,
Fut-il laid,
A l'imiter chacun est prêt.
Une Fanchon rajeunie,
Pour ses vertus a le prix;
Vingt Fanchons de compagnie,
Vont sermoner tout Paris.
Un succes
Chez nos bons Français, etc.
Joseph, mis en tragédie,
Aux Français est attendu.
Le mélodrame étudie
Deux Joseph à l'impromptu.
De Henri,
Ce roi si chéri,
La mode aujourd'hui s'est munie,
A son choix,
Le meilleur des rois,
Fait rire et pleurer les bourgeois.
Tout doubler, c'es la manie,
Nous avons deux Lutineaux,
Deux Paul et deux Virginie,
Deux Jules et deux Magots.
C'est je croi,
D'après cette loi,
De doublure et de compagnie,
Qu'à Paris,
On n'est plus surpris,
De voir doubler tant de maris.

Au reste, monsieur, que tous ces Henri ne vous effraient pas, je suis le bon.

CATAU.

Tiens, est-ce qu'il peut-y en avoir un mauvais?

BEAUCHAMP.

Taisez-vous, enfant, et procurez-moi une goutte d'eau sucrée.... pas trop fraiche.

SCENE VIII.

DORSEUILE, BEAUCHAMP.

BEAUCHAMP.

Monsieur a-t-il une jeune première un peu distinguée ?

DORSEUILE.

Oui, monsieur, j'ai plus qu'il ne me faut.

BEAUCHAMP.

J'en suis fâché ; je vous aurois proposé un sujet tout-à-fait intéressant, qui m'accompagne partout.... ma mère...

DORSEUILE.

Comment, votre mère ?

BEAUCHAMP.

Talent consommé, monsieur.... Vous avez peut-être besoin d'un second amoureux ?.... j'ai là aussi mon père.....

DORSEUILE.

Vous avez donc amené toute votre famille ?

BEAUCHAMP.

Dix personnes seulement ; mais très-utiles.

AIR : *mon père était pot.*

Mes deux cousins font les tyrans,
Mes sœurs font les novices,
Mes deux oncles font les enfans,
Ma tante les novices ;
Moi je fais le roi,
Et voilà, je croi.
De quoi vous satisfaire.

DORSEUILE.

Oui, c'est attrayant,
Celui qui vous prend,
Prend une troupe entière.

BEAUCHAMP.

Qu'est-ce que cela vous fait, si je vous la donne gratis ; on ne paie que moi.

DORSEUILE.

Oui ; mais on vous paie en conséquence peut-être ?

BEAUCHAMP.

Oh ! une misère.

AIR : *L'Amour a gagné sa cause.*

Songez donc aux emplois nombreux
Que pour rien ici je vous laisse ;
Emplois de grimes, d'amoureux,
Emplois enfin de toute espèce.
Or ici bas qui n'est flatté,
De trouver là, sans les attendre,
De bons emplois qui n'ont coûté
Que la peine de les prendre ?

DORSEUILE.

J'en conviens, monsieur ; mais c'est qu'il est difficile d'employer à la fois tant de monde.

BEAUCHAMP.

Oh! rassurez-vous.

AIR.

Les arts ne perdent jamais rien
Avec une famille habille.
Ne jouant pas, on sait fort bien
Comment on peut se rendre utile.
Des long temps cet usage là
Est consacré parmi les nôtres,
Qui n'est point en scene, s'en va
Dans la salle applaudir les autres.

DORSEUILE.

Ah! c'est différent.

SCENE IX.

CATAU, DORSEUILE, BEAUCHAMP, SOMBREUIL.

CATAU.

Eh! mais, mon Dieu, est-ce que çà ne finira pas de demander monsieur Dorseuile?.... (*à Beauchamp.*) Tenez, monsieur, v'là vot' goutte.

BEAUCHAMP.

(*Il prend le verre, et y plonge un petit thermomètre.*)

Ah! bien obligé.

DORSEUILE.

Est-ce qu'on me demande encore?

CATAU.

Pardine, c'est comme un fait exprès; adieu ma noce.... Entrez donc, monsieur... (*à Dorseuile.*) Je vous conseillons bien de l'écouter; car il est drôle ce monsieur : ce n'est jamais qu'au dernier mot qu'il dit ce qu'il veut dire.

SOMBREUIL.

J'ai l'honneur de parler à M. Dorseuile?

DORSEUILE.

A lui-même.

SOMBREUIL.

Monsieur veut-il permettre que j'incline devant lui l'ensemble de mon individu?.... que je le salue?

DORSEUILE.

Très-volontiers. En quoi puis-je vous être utile ?

SOMBREUIL. *à un petit garçon qui le suit.*

Hola! Rutile, faites votre charge.

LE PETIT GARÇON.

Oui, monsieur.

(à Dorseuil).

Monsieur, c'est une lettre,
Qu'entre vos mains, seigneur, on m'a dit de remettre.

DORSEUILE.

Qu'est-ce que cela signifie ?

SOMBREUIL.

Lisez. je vous supplie.

BEAUCHAMP, *à part.*

Parbleu, voilà un singulier original.

SOMBREUIL, (*regardant Beauchamp*).

Voilà, je le parie, un de ces êtres dont le moral est absorbé par le physique, un sot.

DORSEUILE.

Ah! juste ciel! encore un Henri ;... ah! pour le coup, c'est trop fort.

BEAUCHAMP, *à Sombreuil.*

Comment vous êtes un Henri IV ?

SOMBREUIL.

Oui monsieur... J'étais au café Procope ; sur vingt artistes qui s'avouraient avec moi la réfection matinale.... Nous déjeûnions ; votre ami m'a soudain distingué, et me communiquant les signes explicatifs du projet que vous avez conçu.... votre lettre, il m'a aussitôt chargé de venir retracer, à l'œil impatient, le personnage que vous desirez.

DORSEUILE

Mais à votre tour, il paroît que c'est la tragédie que vous venez jouer ?

SOMBREUIL.

Précisément.

DORSEUILE.

Permettez donc ; êtes-vous bien sûr de l'effet de cette tragédie ?

SOMBREUIL.

Comment, si j'en suis sûr ?

DORSEUILE.

AIR : *Dans ce salon.*

Mais un plein succès, m'a-t-on dit,
N'a pas couronné cet ouvrage.

SOMBREUIL.

Détrompez-vous, des gens d'esprit
Il a mérité le suffrage.
On vit bien quelques mécontents
Mais aussitôt jaloux de plaire,
On a fait d'heureux changements.

DORSEUILE.

A la pièce?

SOMBREUIL.

Non, au parterre.

D'ailleurs vous savez que votre ami a du goût, puisqu'il m'a choisi....

DORSEUILE.

J'en conviens.... cependant....

SOMBREUIL.

Regardez-moi donc.

AIR : *à voyager passant sa vie.*

Tout ce que la haine a d'horrible
A mon gré se peint sur mes traits.
Ma voix est l'organe terrible
De la vengeance et des forfaits:
Voyez ce front que l'on redoute
Cet œil hagard, ce tein flétri....

BEAUCHAMP, *avec ironie.*

Voilà plus qu'il ne faut sans doute
Pour bien jouer le bon Henri.

Pour moi, monsieur, je n'ai point à vous offrir des qualités aussi transcendantes, mais chacun a son mérite; je chante, et je me suis laissé dire que je m'en acquitais assez bien quand la saison le permettait.

MÊME AIR :

Jamais par de viles entraves
Mon gosier ne fut arrêté:
D'un bond je franchis trois octaves
Le point d'organe est ma volupté :
Du chant simple fuyant la route
De fredons mon chant est nouri.

SOMBREUIL, *avec ironie.*

Voila plus qu'il ne faut sans doute
Pour chanter aussi bien qu'Henri.

Ainsi j'espère....

BEAUCHAMP.

Et moi je me flatte....

DORSEUILE.

Oui, messieurs, je vous crois excellens tous les deux: mais j'ai à vous prévenir que j'ai un troisième monarque sur les bras.

BEAUCHAMP.

Comment un troisième Henri?

DORSEUILE.

Il est à déjeûner: en attendent que j'aie pris un parti, je

vous invite à aller lui tenir compagnie : les arts sont amis, et je pense que votre réunion ne produira aucun facheux débat.

SOMBREUIL, *prenant Beauchamp par le bras.*

Marchons.

BEAUCHAMP.

Mon Dieu, monsieur, vous me disloquez.

BEAUCHAMP, SOMBREUIL, *ils chantent,*

Allons présenter notre hommage
Au monarque qui nous attend.

SCÈNE X.

DORSEUILE, *seul.*

Il faut convenir que mon ami, pour vouloir bien faire, m'a mis dans une position assez difficile. Les rois ne lui coûtent rien à lui; il n'y a que ceux qui les nourrissent qui sachent ce que ça vaut.... cependant il faut choisir, et le quel?

AIR : *ce boudoir est mon parnasse.*

Souvent pour vouloir trop faire
On parvient à nous gêner :
J'ai trois rois à satisfaire,
Et n'ai qu'un trône à donner.
Franchement, dans cette affaire,
Mon embarras est complet ;
De ces rois je ne sais guerre
Lequel sera mon sujet.

Il n'y a pas de doute qu'il faut choisir le meilleur..... mais le moyen de ne pas me tromper.... Réfléchissons.

SCÈNE XI.

DORSEUILE, CATAU, LUCAS, MICHAUD; AGATHE.

CATAU, *accourant.*

Hé! ma mère! ma mère! v'là Lucas et notre oncle Michaud, qui v'nont nous chercher.... pardon, monsieur, çà ne vous regarde pas.... ma mère, v'nez donc.

AGATHE.

Eh ben, eh ben, ous qu'ils sont donc?

MICHAUD.

Eh parbleu, nous v'là. Bonjour ma sœur. Quand partons nous?

AGATHE.

Eh mon Dieu donne toi le temps d'arriver.

MICHAUD.

T'as raison; quoiqu'il n'y ait pas loin d'ici à Lieursain...

DORSEUILE, *à part*

A Lieursain?

MICHAUD.

Cà ne laisse pas que de fatiguer, et puis ce petit drôle m'a mené d'un train....

AGATHE.

Allons, petite fille, la tasse de votre oncle.

CATAU.

Oui, ma mère. (*à Lucas*) Pourquoi donc, monsieur, que vous n'êtes pas venu avant ton père? hein!

LUCAS.

Ah! dame, et tous les apprèts de cette fête, qu'il m'a fallu faire ce matin?

AGATHE.

Eh bien, m'obéi-t-on?

CATAU.

Oui, ma mére. (*à Lucas*) Il falloit les faire hier, monsieur.

AGATHE.

Ah! tu ne veux pas partir?

MICHAUD.

Laisse-donc, sœur, laisse, puis qu'ils devont se marier demain.

AGATHE.

Oh çà n'est pas fait.

MICHAUD.

Quoi que tu chantes donc?

AGATHE.

Je te conterai çà.

CATAU, *revenant.*

T'nez, mon oncle, v'la du vin.

MICHAUD.

A la bonne henre,... Morgué je ne voulons pas entendre parler de chagrin; c'est demain une trop bonne fête.

AGATHE.

Maîs tais-toi donc; ne parle pas comme çà d'nos affaires devant le monde.

MICHAUD, *regardant Dorseuile.*

Ah! c'est vrai.... Mais ce n'est pas du monde çà; c'est une mine d'honnête homme.... Pardon, monsieur, je sommes sans carémonie.... Lucas, va faire boire notre âne.... V'là une place de libre, si monsieur en voulait faire autant.

DORSEUILE.

Très-volontiers, brave homme.

AGATHE.

Mais, mon Dieu, frère, est-ce que çà se propose comme çà?

MICHAUD.

Qu'est-ce qu'en empêche? Est-ce que je ne sommes pas le père Michaud, le meûnier de Lieursain? le grand père de notre père, n'a-t-il pas trinqué avec le bon Henri? Peut-être bien que monsieur, n'est pas plus grand seigneur que lui... Allons, morgué, boutez-vous là et à votre santé.

DORSEUILLE.

Ah! je suis ravi....

MICHAUD.

C'est çà; j'étais sûr que j'allais vous faire plaisir.... Hé! morgué, à quoi sert la fierté dans ce monde? ça n'empêche pas de tomber à l'eau quand la planche est pourrie.. C'est ce que je disons chaque jour au moulin.

AIR: *des bateliers de S.-Cloud.*

Regarder toujours sans envie,
Ceux qui sont au-dessus de nous;
Secourir avec bonhomie
Ceux que l'sort a placés dessous.
De ce soin, rien ne me détourne,
Et c'est c'que Michaud pensera,
Tant que sa meule tourne, tourne,
Tant que sa meule tournera.

Près de Lise, adroite, coquette,
En vain Damon veut parvenir,
La belle est sourde alle est muette,
Et rien ne saurait l'attendrir.
Mais soudain qu'certain bruit raisonne,
All' parle et même alle entendra.
Tant que la bourse sonne, sonne
Tant que la bourse sonnera.

De son emploi, l'âme trop fière,
Dorval méconnait ses amis,
Dites-lui ce qu'il fut naguère,
Chez lui vous n'êtes pas admis.
Mais du crésus, lêchez la patte,
A sa table il vous recevra,
Tant qu'on le flatte, flatte, flatte,
Tant qu'on le flatte, flattera.

DORSEUILE.

Parbleu, brave homme, vous devez être bien heureux dans votre moulin.

MICHAUD.

Dame, c'est que ce n'est qu'un moulin; et je voudrais que vous nous y vissiez tretous un jour de fête : et t'nez, demain.

DORSEUILE.

Comment, demain ?

MICHAUD.

Eh oui, la Saint-Henri : depuis la soirée où ce bon roi nous fit l'amitié de souper chez nous, j'avons, de père en fils, consacré ce jour-là à nos meilleures fêtes : ah dame ! faut voir comme j'y allons de tout cœur. — Gnia pas un geste, pas une parole de ce bon prince qui ait été oublié. J'avons conservé comme des reliques la table, la chaise, tout ce qu'il a touché, la bouteille qui l'a désaltéré.

AGATHE.

AIR : *ton humeur est Catherine.*

J'ons gardé jusqu'aux serviette,
Jusqu'au banc qu'il apporta,
J'ons gardé jusqu'aux assiettes
Que de dessus table il ôta.

MICHAUD.

Et sans faire de critiques
J'dirons a propos de çà,
J'ons baisé bien des reliques
Qui n'vallions pas celles là.

DORSEUILE.

Je vous crois bien.... (*A part.*) Oh l'excellente idée.... De sorte, père Michaud, qu'avec cette habitude héréditaire de vous entretenir, de vous occuper de ce bon roi, de sa manière d'être...

MICHAUD.

Quand je vous disons que j'nons rien oublié, et que j'savons mieux l'histoire de ce brave homme que celle de bien d'autres.

DORSEUILE.

Vous l'avez donc lue ?

MICHAUD.

Ah ! par exemple, c'est trop fort.... Nous autres, lire l'histoire d'Henri IV, hé j'sommes nés avec.

DORSEUILE.

Ah ! vous avez raison.

AIR : *n'imitez pas l'amant que j'aime.*

Des princes qui mirent leur gloire
A tourmenter l'humanité,
On fait bien de lire l'histoire
Pour savoir ce qu'ils ont été :
Mais celle des rois dont l'empire
De leur sujet sécha les pleurs,
On n'a pas besoin de l'écrire,
On la trouve dans tous les cœurs.

MICHAUD.

Et ça ne s'efface pas.

DORSEUILE.

Ainsi, brave homme, si quelqu'un par hasard voulait retracer à vos yeux quelques traits de ce bon prince.

MICHAUD.

Faudrait pas qu'il s'y trompit, sarpedié! je serions là pour le relever.

AGATHE.

Et moi donc, c'est que j'sommes d'la famille des Michaud : ma grand'mère avait épousé Pierre-Nicolas Mathurin....

DORSEUILE.

Mes amis, auriez-vous la bonté de m'attendre une minute?

MICHAUD.

Dame, monsieur, ça n'est pas de refus, pourvu que ça ne soit pas long: et puis gnia encore du vin dans cette bouteille.

DORSEUILE.

AIR : *du pas redoublé.*

Vous me rendrez, en m'attendant,
Mon cher un bon office.

MICHAUD.

Drès que vous parlez si franchement,
Je suis à votre service,
Je bois un coup par-ci, par-là,
Mais je peux en rabattre,
Drès qu'il faut obliger, me v'là,
Monsieur, j'en boirai quatre.

SCÈNE XII.

MICHAUD, AGATHE.

MICHAUD.

Dis-donc, sœur, quoique c'est donc que ce monsieur-là?

AGATHE.

Ma fine, je n'en sais rien. Tout ce que je savons, c'est que son domestique étalait tout à l'heure dans sa chambre un tas de biaux habits.

MICHAUD.

Bah!

AGATHE.

Et peut-être bien que c'est un bourgeois de Paris, qui vient faire le seigneur de quelque chateau voisin qu'il a gagné.

MICHAUD.

Non, non c'est honnête.

AGATHE.

AIR : *de la pipe de tabac.*

C'est peut-être un hom' d'importance

MICHAUD.

Non, il a l'air doux et poli.

AGATHE.

Tiens c'est un courtisan je pense.

MICHAUD.

Il n'a flatté, ni menti.

AGATHE.

C'est un médecin je parie,

MICHAUD.

Il est sensible à ce qu'il dit.

AGATHE.

C'est donc un hom' d'académie ?

MICHAUD.

T'as bien vu qu'il a de l'esprit.

Au reste, soit ce qu'il soit, je le varrons venir.

SCENE XIII.

LES MÊMES. CATAU, LUCAS.

CATAU.

AIR : *Lubin à la préférence.*

Voyez donc ma peine extrême,
M'insulter
Et douter
De ma foi.

LUCAS.

Jarnigoi,
Si vous m'aimiez toujours de même,
Demain vous seriez à moi.

CATAU.

Est-ce à moi qu'il faut s'en prendre
Si not'mère, qui n'est plus tendre,
Se rit maitenant
De mon tourment,
Et des soupirs d'un pauvre amant ?

LUCAS.

Eh bien ! pour la contenter,
Faut vous quitter.

CATAU.

Non faut rester.

LUCAS.

Non, non je ne puis plus attendre

CATAU.

Adieu donc méchant,

LUCAS.

Cœur inconstant.
Adieu....

CATAU.

Va-t-en : *le retenant.*
Attends donc un instant.

MICHAUD.

Eh ben, eh ben, qu'est-ce qu'ils degoisent ceux-là ?

CATAU.

Eh pardine, ma mère qui dit comme ça que je pouvons attendre encore un an pour épouser Lucas.

MICHAUD.

Bah! est-ce que c'est possible ?

CATAU.

Nenni dà, ce n'est pas possible.

AGATHE.

Et quand je te dis que je le veux; j'ons des raisons peut-être!

MICHAUD.

Mais queu diable de raison peux-tu avoir pour tourmenter ces enfans? Est-ce que ça ne te fait pas de mal?

AGATHE.

Bah! ça se passera.

MICHAUD.

Eh ben, morgué, je ne pensons pas de même. Tiens, sœur :

AIR : *De la piété filiale.*

Contemple, dans notre jardin,
Ce poirier à riche feuillage :
Tant qu'on respecte son ombrage
Son tronc, ma chère, est vigoureux et sein :
Que sa branche la plus légère,
Soit mutilée, il est souffrant ;
Ainsi le mal qu'on fait à son enfant
Blesse toujours le cœur d'un père,

AGATHE.

Eh mon Dieu! est-ce que je ne sommes pas de la famille? puisqu'il faut te l'avouer, maître Bastien devait me rendre aujourd'hui cent écus qu'il me doit.

AIR : *Des fraises.*

Veut-on placer ses écus
La foule vous talonne ;
Les termes sont-ils échus,

MICHAUD.

Eh bien !

AGATHE.

On ne rencontre plus
Personne, personne, personne.

MICHAUD.

Comment Bastien, le maître d'école, est parti?

AGATHE.

Oh! ni plus ni moins qu'un marchand de la ville.

MICHAUD.

Eh ben, bon voyage.... Et c'est pour cette misère-là que tu veux faire le malheur de ces enfans ?

AGATHE.

Tredame, quand ton fils apporte cent écus à notre fille, je ne veux pas qu'elle aille les mains vides.

CATAU.

Mais ma mère un peu plus, un peu moins, ce n'est pas pour ce que j'ai dans les mains que Lucas m'épousera.

SCÈNE XIV.

LES MÊMES, DORSEUILE.

DORSEUILE.

Vous avez raison, mon enfant, mais bientôt nous en reparlerons.... Mon petit, faites-moi le plaisir de ranger ces chaises de ce côté.... Et vous, bonnes gens, souvenez-vous de ce que nous disions tout à l'heure. Placez-vous là, et faites bien attention à ce que vous verrez.

MICHAUD.

Queu chienne de magie!

AGATHE.

Quand je te disais que cet homme-là était un queuque chose.

SCÈNE XV.

LES MÊMES, SOMBREUIL.

(*Il est vêtu comme Henri IV dans la tragédie. Avant son entrée, l'orchestre joue une des simphonies les plus connues des Français.*)

SOMBREUIL, (*déclamant.*)

» C'est un point résolu je pars, et dès demain,
» Paris voit au combat voler son souverain....
» Sans doute qu'aux plaisirs trop souvent accessible
» J'ai trop peu ménagé cette âme trop sensible....
» Mais je ne pense pas qu'un amant suborneur
» Ait jusques dans mon lit porté le déshonneur....

MICHAUD.

A boire, garçon!

DORSEUILE.

Quoi, vous n'écoutez pas ?

MICHAUD.

Qui ? ce monsieur, je n'entends, rien à ce qu'il dit,

SOMBREUIL.

Vous n'entendez pas Henri, barbare ?

MICHAUD.

Vous, Henri IV ? Verse donc Fillot.

SOMBREUIL.

Je vais vous en convaincre.

MICHAUD, *fredonant.*

Ça s'ra du neuf et du joli
Biribi,
A la façon de Barbari,
Mon ami.

SOMBREUIL, *déclamant.*

» Écoute : il est des jours de sinistre présage
» Où l'homme dans son cœur cherche en vain son courage,
» C'est un vague d'effroi : la triste et sombre horreur,
» Répand dans les esprits le trouble et la terreur,
» Cet état est le mien.

MICHAUD.

A vot' santé, mon ami, vous avez l'air bien malade.

SOMBREUIL.

Oh ! c'en est trop.

MICHAUD (*fredonnant*)

Eh non, non, ce n'est pas là Ninette,
Eh non, non, ce n'est pas là Ninon.

SOMBREUIL.

Quoi ! je ne suis moi ; je ne suis pas Henri ?

AIR : *de la parole.*

Du haut en bas ne suis-je point
De voir vetu comme ce prince ?
N'ai-je pas son même pourpoint,
Son épée et sa taille mince ?
Mon air est de meme aguerri,
J'ai pris pour bien remplir mon rôle,
Jusques à la barbe d'Henri ;
Enfin de ce roi si chéri
Que me manque-t-il ?

MICHAUD.

La parole ?

SOMBREUIL, *à part.*

Ah ! il me manque la parole ? Je vais te donner un plat de ma façon.

» Je veux enfin qu'au jour marqué pour le repos
» L'hôte laborieux des modestes hameaux
» Sur la table moins humble ait, par ma bienfaisance,
» Quelques uns de ces dons, attributs de l'aisance....

Hein ?

MICHAUD.

AIR : *de la fausse magie.*

Entends-tu ce qu'il veut dire ?

AGATHE.

Qui moi ? non.

TOUS.

Ni moi, ni moi.

DORSEUILLE.

Mais ce mot doit vous suffire.

MICHAUD.

L'as-tu compris ? non, sur ma foi.

TOUS.

Ni moi, ni moi, ni moi, ni moi.

SOMBREUIL.

Paysans peu dignes de l'être, vous ne comprenez pas ce vœu si touchant que Henri formait pour vous lorsqu'il voulait que chaque jour de fête....

MICHAUD.

Et morgué, dites-le donc comme lui, ou ne vous en mêlez pas.

AIR : *le lendemain.*

Des champs et du village,
Ce bon roi parlait toujours :
Mais à ce bien langage
Jamais il n'avait recours.
Sa parole était plus franche :
Je veux, disait-il d'un mot,
Que mon peuple ait le dimanche
La poule au pot.

C'est parler ça.

SOMBREUIL.

Mais la gravité du personnage....

MICHAUD.

Et morgué riez et chantez comme lui.

SOMBREUIL.

Rire et chanter le jour de sa mort!

MICHAUD.

Eh qui vous a prié de nous rappeler çà. Je n'eu avons que trop gémi.

AIR : *Eh voilà la vie, la vie.*

D'un méchant plein d'ruse,
D'un prince avili,
Qu'la mort nous amuse,
J'trouv'rons ça joli ;
Mais parlons de la vie,
De la vie
Chérie,
Mais parlons de la vie
D'un roi tel que Henri.

A boire!

LUCAS.

T'nez papa.

(*On entend chanter dans la coulisse l'air :* Charmante Gabrielle. *Michaud prêt à boire, s'arrête tout court, pose son verre, met sa main avec attendrissement à son chapeau, l'ôte et se lève : toute sa famille en fait autant.*

SCÈNE XVI.

LES MÊMES, BEAUCHAMP,

BEAUCHAMP *est revêtu comme Henri IV dans Gabrielle. Il paraît au dernier vers de la romance.*

MICHAUD, *en l'appercevant, remet son chapeau, se rassied et dit :*

Tiens, ce n'est qu'un jardinier.

DORSEUILE.

Ecoutez donc.

BEAUCHAMP, *à part.*

» Sulli que dirais-tu si tu voyais Henri sous ce déguisement, le dos chargé d'une hotte ; tu gronderais bien fort, mais je te répondrais : je vais voir Gabrielle, et pour l'amour tout est permis. »

DORSEUILE.

Eh bien! que dites-vous de cela ?

MICHAUD.

Eh! le gaillard était bien capable de ces petits tours là... mais écoutons le reste.

BEAUCHAMP, *chante avec prétention.*

Oui, Gabrielle, je le jure, Je ne serai jamais parjure.

MICHAUD.

Ta ra ta ta, ta ta ta.

DORSEUILE.

Paix donc.

BEAUCHAMP, *chantant.*

Sois pour jamais l'idole de mon cœur.

MICHAUD.

Et fron, fron la rira dondaine, Et fron, fron la rira don don.

DORSEUILE.

Comment vous ne reconnaissez pas....

MICHAUD.

Là dedans, même numéro.

AIR : *J'aime mieux ma mie.*

Henri toujours sans façon,
Sans carimonie,
Marquait jusqu'à sa chanson
De sa bonhomie.
A sa belle, ventre gué,
Il disait d'un ton plus gai,
Que j'aime ma mie,
O gué!
Que j'aime ma mie!

DORSEUILE.

J'en conviens, ses expressions ne sont peut-être pas tout-à-fait les siennes; mais sa conduite....

BEAUCHAMP.

» Silence : j'entends du bruit dans la forêt : des ligueurs...
» S'ils allaient me reconnaître.... Cette tour est ouverte,
» cachons-nous. »

MICHAUD, *se levant.*

Henri qui se cache? Ce n'est pas lui, morgué!

BEAUCHAMP.

Attendez donc, laissez-moi chanter mon air des destinées.

MICHAUD.

Bah, c'est connu : alles n'iront pas loin.

BEAUCHAMP.

Ceci est sublime.

AIR : *Des bourgeois de Chartres.*

C'est un air de bravoure,

AGATHE.

On l'tient pour entendu.

BEAUCHAMP.

Je prétends qu'on y courre,

MICHAUD.

Moi j'en sais revenu.
La bravoure d'un roi n'est pas de vot' fabrique,
Ces nobles soutiens de l'état
Sont braves au sein des combats,
Et non pas en musique.

SOMBREUIL.

Il a raison.

» L'intérêt de l'état, le seul que je préfère,
» Est le premier besoin que j'aime à satisfaire.

BEAUCHAMP.

Savez-vous, ingrats quel talent vous méprisez, et quel génie a composé les airs que vous dédaignez?

BEAUCHAMP.

AIR : *J'ai vu partout dans mes voyages.*

Par sa touchante mélodie,
Il sut *corriger un tyran* :
Chacun est fou *de sa folie*
Et pleure avec *Ariodan* :
Stratonice, à l'amour fidèle,
Par la gloire a su le payer,
Et du jardin *de Gabrielle*,
Lui seul a cueilli le laurier.

MICHAUD.

Grand bien lui fasse : c'est dommage qu'il ne finisse pas comme il commence.

LUCAS.

Eh gare, gare, sauvons-nous, en v'la un qui va tout tuer.

SCENE XVII.

LES MÊMES, BATAILLARD.

(Il est vêtu comme Henri IV dans la bataille d'Ivry, armé de pied en cap : son entrée est annoncée par l'ouverture de cet opéra.)

BATAILLARD, *avec emphase.*

« Maréchal d'Aumont, maréchal d'Humière, la Tremoille, Thorigny, Durfort, et toi, brave Scomberg, voici mon plus beau jour : la bataille va se donner dans les plaines d'Ivry, si je suis vainqueur Paris m'ouvre ses portes : les Parisiens sont bons par caractère, royalistes par nature, reconnaissans par penchant. Il nous faut une heure pour rejoindre l'armée, une autre heure à table, et si le dîner était prêt dans une heure, dans trois heures, M. Roger, je serais.... triomphant. »

MICHAUD.

Qu'est-ce donc qui a dit tout ça ?

BATAILLARD.

C'est Henri IV.

MICHAUD.

Eh ben ! morgué sti là n'a pas peur, c'est dommage qu'il en vante si couramment.

DORSEUILE, *à part.*

Oh ! il a raison, mais poussons jusqu'au bout.... belle atau suivez-moi. *(ils sortent.)*

SCÈNE XVIII.

LES MÊMES, excepté DORSEUILE et CATAU.

MICHAUD, *à Bataillard.*

Mon capitaine, v'là deux rois que j'ons détrônés, con-lez-vous ensemble.

BATAILLARD.

Comment ?

MICHAUD.

Est-ce qu'un bon prince, un brave homme, quand il va en faire perd son tems à se vanter d'avance ? nenni, nenni.

AIR : *J'aime à danser une ronde.*

Sa bienfaisance empressée
N's'amuse pas en chemin,
Aussi vit' que d'sa pensée,
Le bienfait sort de sa main.
Et sa grande âme occupée,
Moins d'l'éclat que de l'honneur,
Confie à sa seule épée
Le secret de sa valeur.

BATAILLARD.

Comment, messieurs, vous vous êtes laissé juger par ce bomme-là?

SOMBREUIL, *déclamant.*

» Oui, je crois voir enfin ma dernière journée,
» Mes noirs pressentimens ne m'ont jamais trompé......

BEAUCHAMP.

Est-ce qu'il y aurait du danger?...

SOMBREUIL.

Poltron! il vous sied bien, avec votre hotte et vos bouquets, de venir me disputer l'honneur de représenter Henri dans un ouvrage que tout Paris admire.

BEAUCHAMP.

Et le mien donc? ne fait-il pas déserter les champs et courir de dix lieues à la ronde?

AIR :

Mon plan est conduit sagement,
Chaque scene vous intéresse,
Et tout jusques au dénouement
Charme et séduit dans cette pièce.

SOMBREUIL.

Oui, Paris est émerveillé,
Voilà pourquoi, lorsqu'on la donne,
Chacun craint tant d'être foulé
Que l'on n'y voit jamais personne.

BEAUCHAMP.

Aveugle que vous êtes, demandez à nos amis s'ils ont cette peur.

SOMBREUIL.

Et demandez aux nôtres ce que nous vallons.

AIR : d'*Arlequin afficheur.*

De l'auteur qui m'a fait parler,
Sachez que la France s'honore,

BEAUCHAMP.

Je sais que pour le consoler,
Plus d'un succès l'attend encore.
D'ailleurs, s'il peint mal les héros,
C'est par amitié pour les dames;
Il peignit, sous des traits si beaux,
Le mérite des femmes.

AGATHE.

Eh mon Dieu! frère, quoi donc que je voyons venir par-là?

SCENE XIX.

LES MÊMES, CATAU, DORSEUILE.

(*ils sont habillés comme dans la Partie de chasse.*)

DORSEUILE, *il entre en tenant des assiettes.*

Dites donc, ma chère Catau, où faut-il porter ce que je tiens là?

CATAU.

Et laissez-moi faire : pardine, mon cher monsieur, vous avez toujours les mains fourrées partout.

DORSEUILE, *rangeant des chaises.*

Eh bien, eh bien, je ne me mêlerai plus de rien.... voilà qui est fait, (*A part*) quel plaisir! j'ai donc encore une fois la satisfaction d'être traité comme un homme ordinaire, de voir la nature humaine sans déguisement : c'est charmant, ils ne prennent seulement pas garde à moi.

CATAU.

Monsieur, voudrait-il se rafraîchir d'un varre de cidre?

DORSEUILE.

De votre main, belle Catau, il sera délicieux.

(il l'embrasse.)

CATAU.

Pardine, monsieur, vous êtes bien libre avec les filles.

MICHAUD.

Monsieur!

DORSEUILE.

Pardon, papa Michaud, mademoiselle Catau m'avait transporté, je n'ai ma foi pas été le maître de moi.

MICHAUD, *à part.*

Mon bon Dieu! qu'est-ce que je vois?

DORSEUILE.

Vous m'avez très-bien reçu et je veux demeurer votre ami au moins, M. Michaud.

MICHAUD.

Oui, mes enfans, v'là le bon Henri.

AIR : *Dans le sein d'une cruelle.*

Le voilà ce prince aimable,
St'esprit gai, ce cœur si bon :
En amour, en guerre, à table
Partout joyeux compagnon
C'est ben lui-même :
Vous qui faites c'métier là,
Imitez ce brave homm' là,
Car v'là
Comme en France on les aime.
(ils se précipitent à ses genoux.)

DORSEUILE, *avec attendrissement.*

Relevez-vous, mes bonnes gens, relevez-vous, mes amis, je le veux, mes enfans, relevez-vous, je vous l'ordonne.

MICHAUD.

Ah! jarnigoi, sarpégoi, il me semble que je suis le grand père de mon grand père....

DORSEUILE.

Oh ça, mes enfans, j'ai bien des engagemens à remplir ici. Vous ne savez pas, M. Michaud, que j'ai promis à la belle Catau de lui faire épouser un certain Lucas, son amoureux, qui est plus riche qu'elle de cent écus, et pour arranger celà, voilà trois cents livres que je lui donne.

AGATHE, *se jetant à ses pieds.*

Comment sire?

MCHAUD, *la retenant.*

Oh! que t'es bête : est-ce que tu ne vois pas....

DORSEUILE.

Chère Agathe, si j'étais le roi de France, ce serait dix mille francs qu'il faudrait donner à Catau; mais le directeur Dorseuile vous offre cent écus qui vous manquent pour rendre ces enfans heureux.

AGATHE.

Ah! monsieur.

DORSEUILE.

Si vous ne consentez pas que je fasse ce présent à votre aimable fille, vous me le rendrez quand vous le pourrez.

MICHAUD.

V'là encore parler comme Henri IV, morgué!

DORSEUILE.

Quant à vous, messieurs, vous conviendrez que de tous les Henri qu'on peut montrer aux Français, j'ai trouvé celui qui valait le mieux.

SOMBREUIL.

» Certes, sans en rougir, je suis de votre avis.

et si vous me trouvez assez sombre, assez caverneux pour jouer votre Conchini....

BEAUCHAMP.

Moi assez léger pour votre duc de Bellegarde....

DORSEUILE.

Cela vaut fait: M. Bataillard est tout équipé pour mon capitaine des gardes, nous repèterons demain.

MICHAUD.

A Lieursain, et je régale.

DORSEUILE.

A Lieursain soit.

BEAUCHAMP.

Il est certain que si le tems est beau, ce ne sera qu'une journée de perdue.

DORSEUILE.

Perdue monsieur! apprenez qu'un jour passé avec les amis d'un bon roi, est un jour bien employé pour des Français.

BEAUCHAMP.

Allons, allons, voilà qui est dit, cela nous dédommagera de certains traits de votre parodie.

DORSEUILE.

Eh! messieurs, consolez-vous.

AIR : *C'est ce qui me console.*

Tout ce qu'on fait, tout ce qu'on dit,
Tout ce qu'on pense, ou qu'on écrit,
Tout n'est que comédie,
Et de nos travers, de nos goûts,
Nous rencontrons autour de nous,
Partout la parodie.

LUCAS.

Orphise, en flattant son mari,
Glisse un billet à son ami,
Voilà la comédie.
L'époux, en quittant sa moitié,
De Lisette presse le pié,
Voilà la parodie.

MICHAUD.

Au poids de l'or, dans son salon,
Damis vend sa protection,
C'est une comédie.
Dans l'antichambre son laquais,
Prends des arrhes sur les placets,
Voilà la parodie.

AGATHE.

Pour charmer tous les cœurs, Philis
Etale ses roses, ses lys,
C'est une comédie.
Phriné, qui veut aussi des cœurs,
Achète les mêmes couleurs,
Voilà la parodie.

BEAUCHAMP.

On fit les Maris corrigés,
Les Femmes et leurs droits vengés,
C'est-là la comédie.
Sous d'autres habits, d'autres noms
Paraissent les maris garçons,
Voilà la parodie.

CATAU, *au Public.*

Par respect pour le bon Henri,
Messieurs vous avez applaudi,
Opéra, tragédie.
Soyez aussi bons aujourd'hui
Puisque c'est not' respect pour lui
Qui fit la parodie.

FIN.

www.ingramcontent.com/pod-product-compliance
Lightning Source LLC
LaVergne TN
LVHW052014160826
845678LV00003B/1055

* 9 7 8 2 3 2 9 6 5 3 5 9 4 *